Coleção Eu gosto m@is

Língua Espanhola

Maria Cristina G. Pacheco

Pesquisadora, licenciada em pedagogia e artes plásticas; docente de língua inglesa e de língua espanhola em diversas instituições de ensino em São Paulo; autora de livros didáticos e paradidáticos em línguas estrangeiras.

María R. de Paula González

Docente em língua inglesa e espanhola; coordenadora em vários cursos de idiomas em São Paulo.

1º ano
Ensino Fundamental

IBEP

3ª edição
São Paulo
2015

Coleção Eu gosto m@is
Língua Espanhola 1º ano
© IBEP, 2015

Diretor superintendente	Jorge Yunes
Diretora editorial	Célia de Assis
Gerente editorial	Maria Rocha Rodrigues
Coordenadora editorial	Simone Silva
Assessoria pedagógica	Valdeci Loch
Analista de conteúdo	Cristiane Guiné
Editor	Ricardo Soares
Assistentes editoriais	Andrea Medeiros, Juliana Gardusi, Helcio Hirao
Coordenadora de revisão	Helô Beraldo
Revisão	Beatriz Hrycylo, Cássio Dias Pelin, Fausto Alves Barreira Filho, Luiz Gustavo Bazana, Rosani Andreani, Salvine Maciel, Thiago Dias
Secretaria editorial e Produção gráfica	Fredson Sampaio
Assistentes de secretaria editorial	Carla Marques, Karyna Sacristan, Mayara Silva
Assistentes de produção gráfica	Ary Lopes, Eliane Monteiro, Elaine Nunes
Coordenadora de arte	Karina Monteiro
Assistentes de arte	Aline Benitez, Gustavo Prado Ramos, Marilia Vilela, Thaynara Macário
Coordenadora de iconografia	Neuza Faccin
Assistentes de iconografia	Bruna Ishihara, Camila Marques, Victoria Lopes, Wilson de Castilho
Ilustração	Lie Kobayashi
Processos editoriais e tecnologia	Elza Mizue Hata Fujihara
Projeto gráfico e capa	Departamento de Arte - IBEP
Ilustração da capa	Manifesto Game Studio
Diagramação	SG-Amarante Editorial

CIP-BRASIL. CATALOGAÇÃO-NA-FONTE
SINDICATO NACIONAL DOS EDITORES DE LIVROS, RJ

G624L
3. ed.

    González, María R. de Paula
    Língua espanhola, 1º ano : ensino fundamental / María R. de Paula González. – 3. ed. – São Paulo : IBEP, 2015.
    il. ; 28 cm.   (Eu gosto mais)

ISBN 9788534244039 (aluno) / 9788534244046 (mestre)

1. Língua espanhola – Estudo e ensino (Ensino fundamental). I. Título. II. Série.

15-21626   CDD: 372.6561
                              CDU: 373.3.016=134.2

06/04/2015   10/04/2015

3ª edição – São Paulo – 2015
Todos os direitos reservados

IBEP
Av. Alexandre Mackenzie, 619 – Jaguaré
São Paulo – SP – 05322-000 – Brasil – Tel.: (11) 2799-7799
www.editoraibep.com.br   editoras@ibep-nacional.com.br

Impressão - Gráfica Impress Fevereiro 2018

APRESENTAÇÃO

Bem-vindos!

Como autoras da Coleção **Eu gosto m@is – Língua Espanhola**, esperamos que alunos, pais e professores possam desfrutá-la desde a primeira aula.

Brincando e aprendendo, desenhando e pintando, lendo, ouvindo, falando e escrevendo, vamos aprender espanhol.

Aprenderemos este idioma para melhorar nossa comunicação, para ampliar nosso conhecimento e ser, a cada dia, cidadãos mais integrados no mundo.

AS AUTORAS

ÍNDICE DE CONTENIDOS

LECCIÓN — **PÁGINA**

1 **Me gusta saludar** — **6**
(Eu gosto de cumprimentar)
- Contenido lingüístico: presentaciones.
- Contenido gramatical: verbos ser, llamar, saludar, recortar, pegar, escuchar, pintar.

2 **Me gusta la gente** — **12**
(Eu gosto das pessoas)
- Contenido lingüístico: presentaciones y saludos.
- Contenido gramatical: pronombres posesivos; verbos ser, nombrar, separar; pronombres interrogativos y demostrativos.

3 **Me gustan los colores** — **20**
(Eu gosto das cores)
- Contenido lingüístico: hablar de preferencias, formas y colores.
- Contenido gramatical: verbos gustar, jugar, encontrar, pintar, completar, marcar.

4 **Me gustan los animales** — **28**
(Eu gosto de animais)
- Contenido lingüístico: hablar de cantidades.
- Contenido gramatical: verbos preferir, unir, armar, ver.

Revisión — **36**
(Revisão)

LECCIÓN		PÁGINA
5	**Me gusta comer** (Eu gosto de comer)	38
	• Contenido lingüístico: hablar sobre los alimentos.	
	• Contenido gramatical: verbos preferir, gustar, hacer, dibujar.	
6	**Me gusta mi cuerpo y mi ropa** (Eu gosto do meu corpo e das minhas roupas)	46
	• Contenido lingüístico: decir las partes del cuerpo; hablar de la ropa.	
	• Contenido gramatical: verbos vestir, hablar, buscar.	
7	**Me gusta mi casa** (Eu gosto da minha casa)	54
	• Contenido lingüístico: hablar sobre las partes de la casa; hablar sobre los juguetes.	
	• Contenido gramatical: verbos gustar y haber.	
8	**Me gusta la escuela** (Eu gosto da escola)	62
	• Contenido lingüístico: hablar de los útiles escolares.	
	• Contenido gramatical: pronombres interrogativos; verbos contestar e investigar.	
	Revisión (Revisão)	68
	Glosario (Glossário)	71
	Actividades complementarias (Atividades complementares)	73
	Adhesivos (Adesivos)	97

LECCIÓN 1

Me gusta saludar
(Eu gosto de cumprimentar)

Escucha y lee.
(Escute e leia.)

¡HOLA!, SOY LA PROFESORA DE ESPAÑOL. ME LLAMO EUGENIA.

¡HOLA!, MI NOMBRE ES GRACIELA.

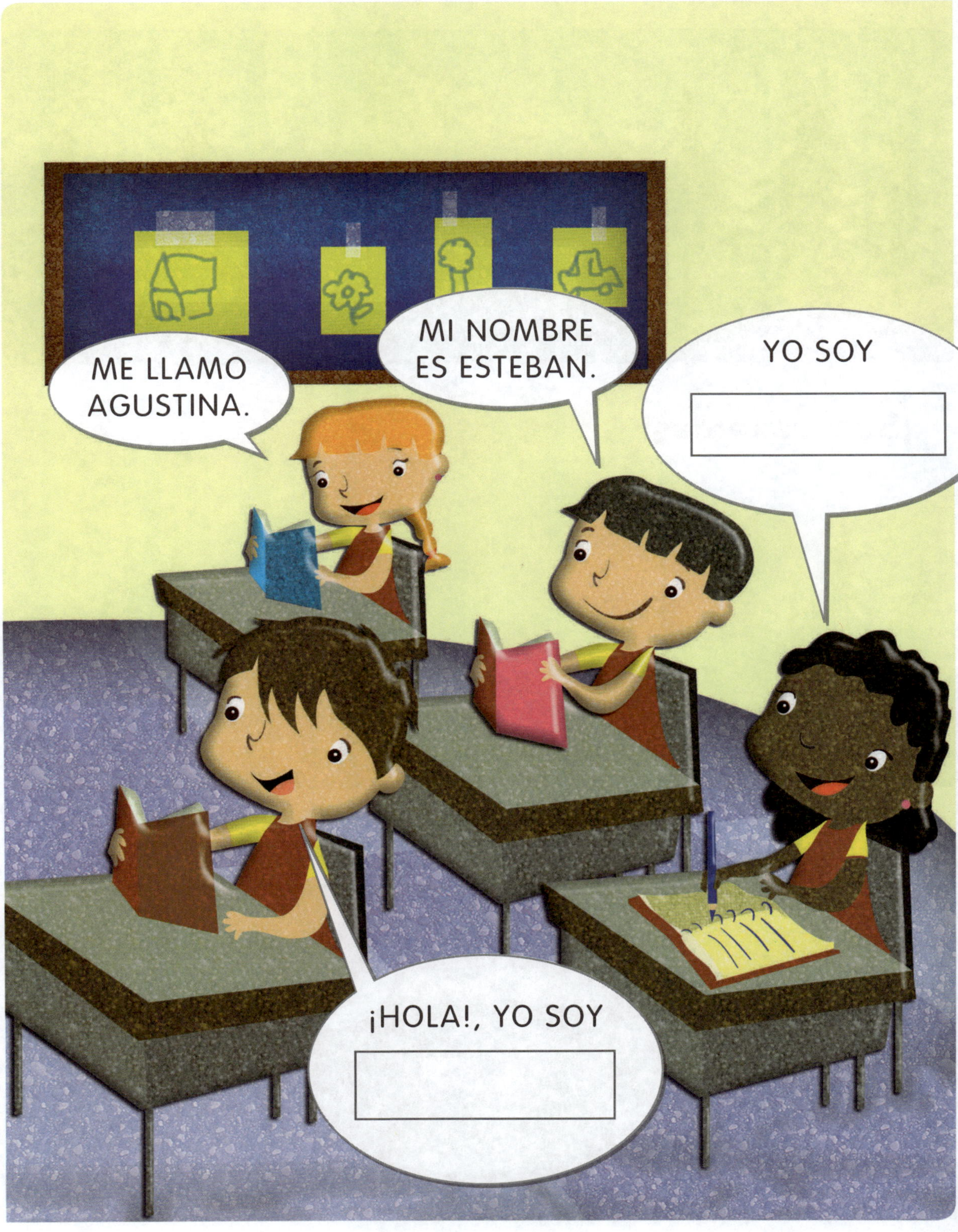

Saludos
(Cumprimentos)

¡Buenos días!

¡Buenas tardes!

¡Buenas noches!

ACTIVIDADES

1 Saluda de acuerdo con el horario.
(Cumprimente de acordo com o horário.)

SOY _____

VOCABULARIO

buenas noches: boa noite.
buenas tardes: boa tarde.
buenos días: bom dia.

2 Recorta y pega de acuerdo con los saludos. Ve a la página 75.
(Recorte e cole segundo os cumprimentos. Vá para a página 75.)

¡BUENOS DÍAS!

¡BUENAS TARDES!

¡BUENAS NOCHES!

3 Escucha, identifica el dibujo y pinta.
(Escute, identifique o desenho e pinte.)

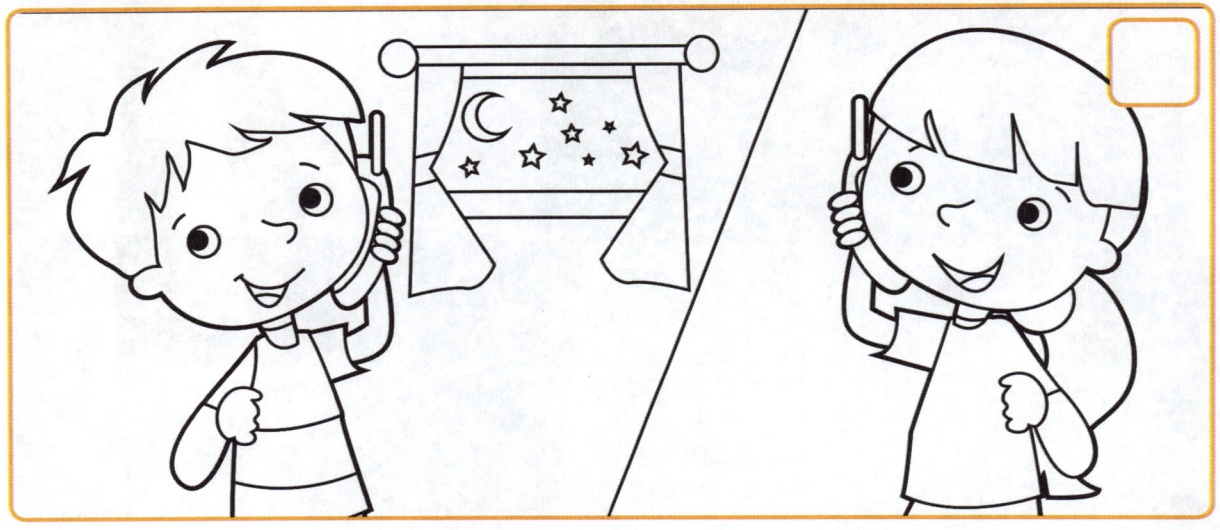

LECCIÓN 2

Me gusta la gente
(Eu gosto das pessoas)

Escucha y lee.
(Escute e leia.)

Mi familia chica

ABUELA
ABUELO
MADRE
HIJA
HIJO
HERMANOS
PADRE

LIE KOBAYASHI

Mi familia grande

ABUELO ABUELA TÍO TÍA

PRIMO PRIMA PRIMO

ACTIVIDADES

1 Pega las fotos e identifica los parientes que viven en tu casa.
(Cole as fotos e identifique os parentes que vivem na sua casa.)

VOCABULARIO

abuela: avó.
abuelo: avô.
hermanos: irmãos.
hija: filha.

hijo: filho.
madre: mãe.
padre: pai.
prima: prima.

primo: primo.
tío: tio.
tía: tia.

LÍNGUA ESPANHOLA

2. Circula la palabra que corresponde a la imagen.
(Circule a palavra que corresponde à imagem.)

ABUELA

ABUELO

HERMANO

PADRE

ABUELO

ABUELA

MADRE

PRIMA

3. Pega una foto de tu pariente favorito.
(Cole uma foto do seu parente favorito.)

Est_____ es _____, mi _____.

4. Vamos a ayudar a Caperucita Roja a llegar a casa de la abuela. Ve a la página 77.
(Vamos ajudar a Chapeuzinho Vermelho a chegar à casa da avó. Vá para a página 77.)

La gente de la escuela

(As pessoas da escola)

La gente de mi barrio
(As pessoas do meu bairro)

ESTA ES MI VECINA Y ESTOS SON MIS AMIGOS.

5 Completa la frase con el nombre de tu vecino preferido.
(Complete a frase com o nome do seu vizinho preferido.)

Mi vecino preferido es _____.

6 Recorta y pega las imágenes de la página 79, que no son de tu familia, pero que son importantes para ti.
(Recorte e cole as figuras da página 79 que não são da sua família, mas que são importantes para você.)

No son mi familia pero son importantes para mí.
(Não são da minha família mas são importantes para mim.)

VOCABULARIO

alumna: aluna.
alumno: aluno.
amigo: amigo.
compañeros: colegas.
profesora: professora.
vecino: vizinho.

7 ¿Quién es?
(Quem é?)

TÍA  ☐   ABUELA  ☐   PRIMO ☐

ABUELO  ☐   PRIMA  ☐   PADRE ☐

LECCIÓN 3
Me gustan los colores
(Eu gosto das cores)

Escucha y lee. 🎵 5
(Escute e leia.)

LIE KOBAYASHI

NEGRO

ROSADO

AMARILLO

VERDE

BLANCO

AZUL

ROJO

GRIS

VIOLETA

MARRÓN

20 LÍNGUA ESPANHOLA

ACTIVIDADES

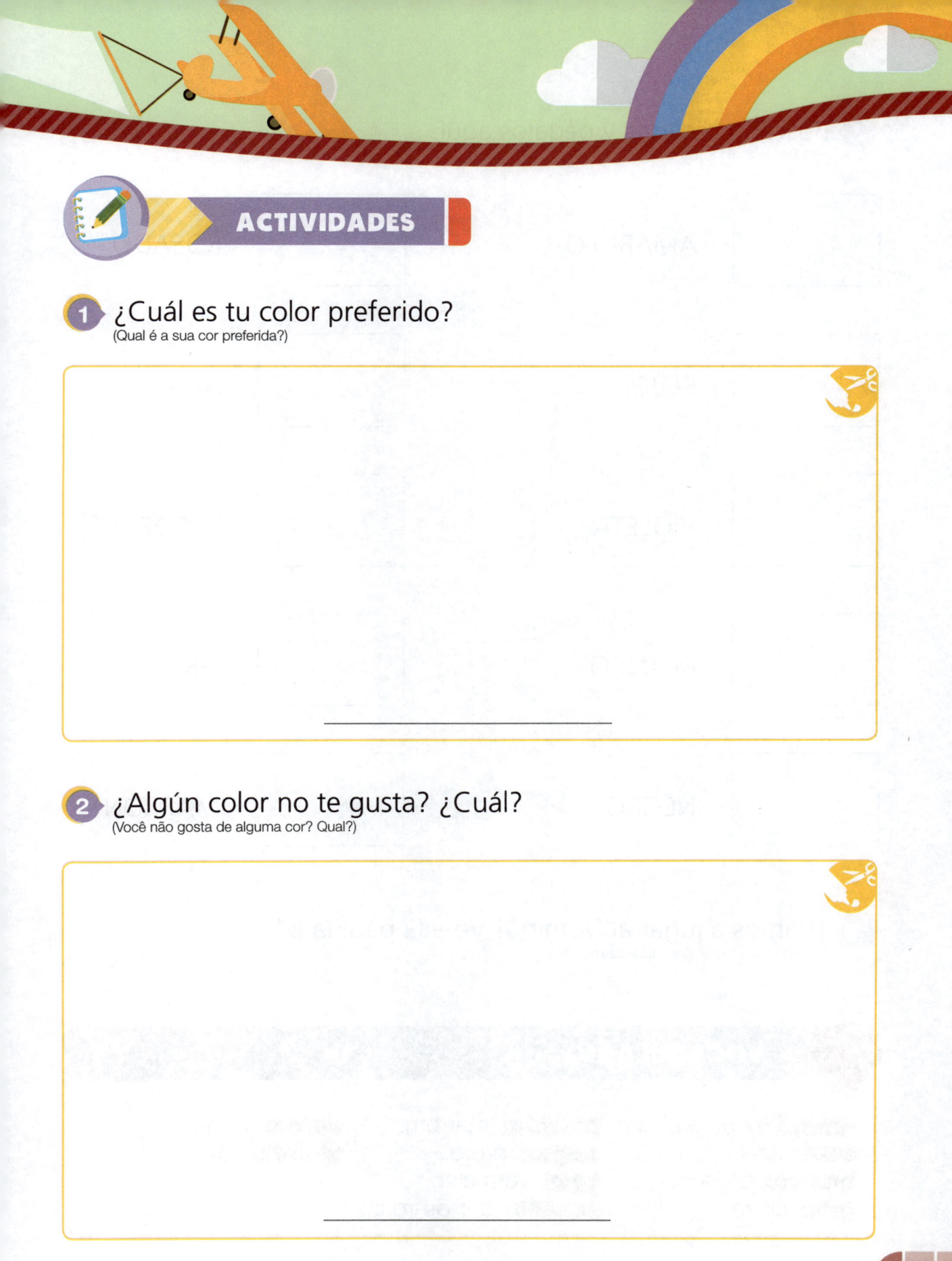

1 ¿Cuál es tu color preferido?
(Qual é a sua cor preferida?)

2 ¿Algún color no te gusta? ¿Cuál?
(Você não gosta de alguma cor? Qual?)

3 Busca los colores y pégalos aquí.
(Procure as cores e cole-as aqui.)

	AMARILLO		ROSADO
	ROJO		AZUL
	VIOLETA		VERDE
	BLANCO		GRIS
	NEGRO		MARRÓN

4 ¡Vamos a jugar al Dominó! Ve a la página 81.
(Vamos jogar Dominó! Vá para a página 81.)

VOCABULARIO

amarillo: amarelo.
azul: azul.
blanco: branco.
gris: cinza.
marrón: marrom.
negro: preto.
rojo: vermelho.
rosado: cor-de-rosa.
verde: verde.
violeta: roxo.

LÍNGUA ESPANHOLA

Las formas
(As formas)

TRIÁNGULO

CUADRADO

RECTÁNGULO

CÍRCULO

5 Encuentra y pinta los triángulos de rojo, los rectángulos de gris, los cuadrados de amarillo y los círculos de ☐ .

(Encontre e pinte os triângulos de vermelho, os retângulos de cinza, os quadrados de amarelo e os círculos de... .)

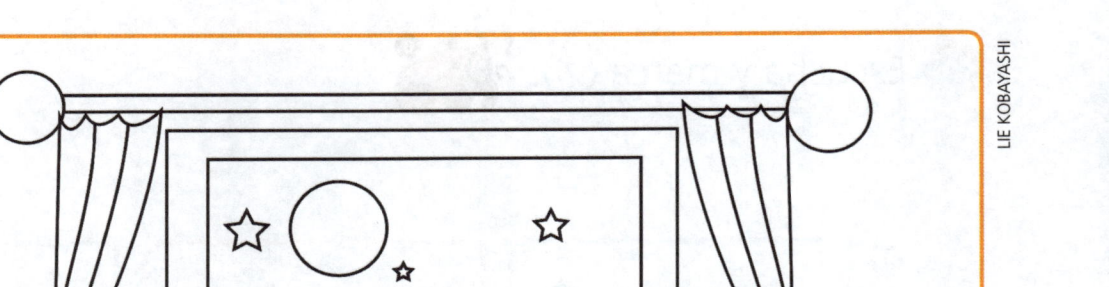

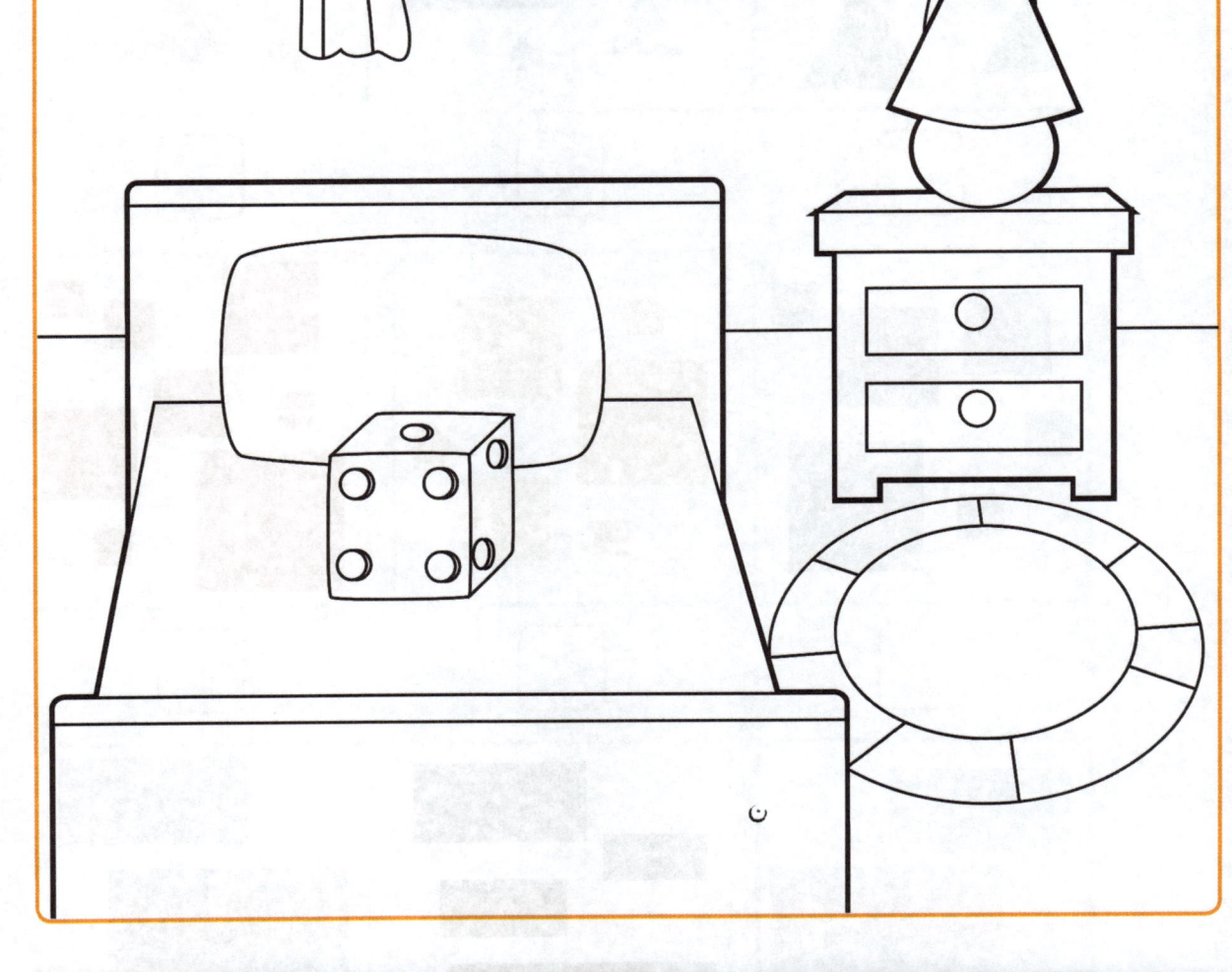

VOCABULARIO

círculo: círculo.
cuadrado: quadrado.
rectángulo: retângulo.
triángulo: triângulo.

6 Escucha y marca (✓).
(Escute e marque.)

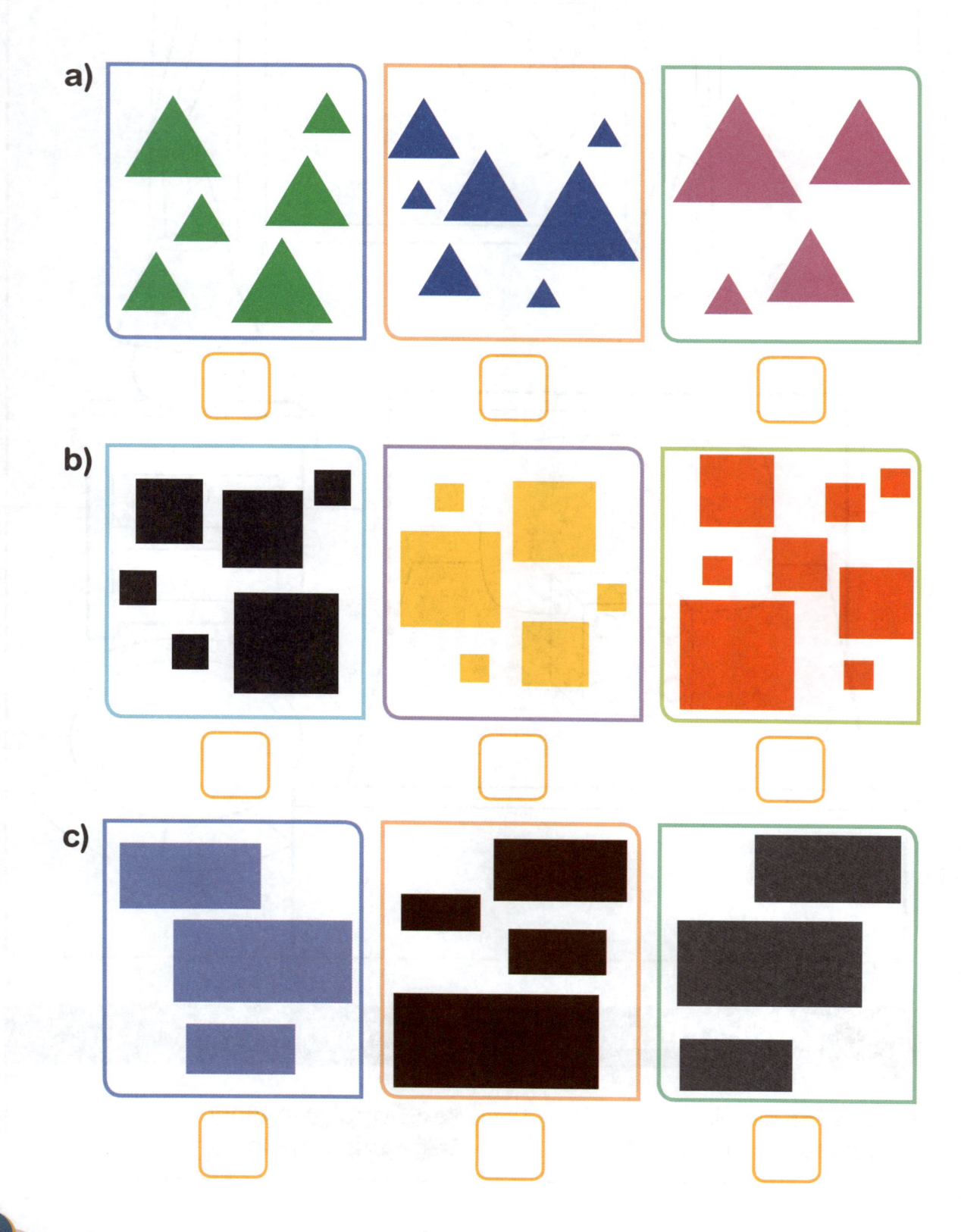

a)

b)

c)

7 **Crea tu muñeco geométrico.**
(Crie seu boneco geométrico.)

LECCIÓN 4

Me gustan los animales
(Eu gosto de animais)

Escucha y lee.
(Escute e leia.)

PÁJARO

¿TE GUSTAN LOS ANIMALES?

GATO

PERRO

PEZ

SERPIENTE

OSO

LEÓN

MONO

ACTIVIDADES

1 ¿Qué animales prefieres, los salvajes o los domésticos?
(Que animais você prefere, os selvagens ou os domésticos?)

ILUSTRAÇÕES: LIE KOBAYASHI

VOCABULARIO

gato: gato.
león: leão.
mono: macaco.
oso: urso.
pájaro: pássaro.
perro: cachorro.
pez: peixe.
serpiente: cobra.

Los números
(Os números)

1 UNO (um)	2 DOS (dois)	3 TRES (três)	4 CUATRO (quatro)	5 CINCO (cinco)
6 SEIS (seis)	7 SIETE (sete)	8 OCHO (oito)	9 NUEVE (nove)	10 DIEZ (dez)

2 ¿Qué animal es ese?
(Que animal é esse?)

Une los números escritos en rojo en el orden correcto.
(Una os números escritos em vermelho na ordem correta.)

CINCO • UNO • SEIS • NUEVE
CUATRO • TRES
NUEVE • OCHO • CINCO
UNO • SIETE
DOS • DIEZ SIETE
TRES TRES CUATRO SEIS DOS

3 Vamos a jugar con el cubo y practicar los números. Ve a la página 83.
(Vamos brincar com o cubo e praticar os números. Vá para a página 83.)

LÍNGUA ESPANHOLA

4 Escucha y marca (✓).
(Escute e marque.)

¿De cuáles animales hablan los chicos?
(De quais animais as crianças estão falando?)

ILUSTRAÇÕES: LIE KOBAYASHI

33

5 Corta, arma y pega el rompecabezas. Ve a la página 85.
(Corte, arme e cole o quebra-cabeças. Vá para a página 85.)

6 Elige un animal y haz una ilustración.
(Escolha um animal e faça uma ilustração.)

7 ¿Vamos a jugar? Ve a la página 87.
(Vamos brincar? Vá para a página 87.)

REVISIÓN

Aprendiste a:
(Você aprendeu a:)

Saludar de acuerdo con el horario.
(Cumprimentar de acordo com o horário.)

Nombrar a la familia.
(Nomear a família.)

Decir los nombres de las formas y de los colores.
(Dizer os nomes das formas e das cores.)

Decir los nombres de algunos animales.
(Dizer os nomes de alguns animais.)

ACTIVIDADES

1 Completa.
(Complete.)

¡Buenos _____!   ¡Buenas _____!   ¡Buenas _____!

2 ¿Quién es tu familia chica?
(Quem são seus parentes próximos, que vivem com você?)

ILUSTRAÇÕES: LIE KOBAYASHI

LÍNGUA ESPANHOLA

3 Completa con el nombre de las formas o de los colores.
(Complete com o nome das formas ou das cores.)

Círculo _____.

_____ verde.

_____ amarillo.

Rectángulo _____.

4 Encuentra y marca los números con las cantidades correctas de animales.
(Encontre e marque os números com as quantidades corretas de animais.)

león
| 1 | 2 | 3 | 4 |

serpiente
| 1 | 2 | 3 | 4 |

mono
| 1 | 2 | 3 | 4 |

oso
| 1 | 2 | 3 | 4 |

LECCIÓN 5

Me gusta comer
(Eu gosto de comer)

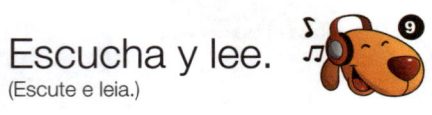

Escucha y lee.
(Escute e leia.)

PALTA

LIMÓN

ANANÁ

NARANJA

BRÓCOLI

LECHUGA

ESPINACA

ZANAHORIA

FOTOGRAFÍAS: SHUTTERSTOCK

LÍNGUA ESPANHOLA

PAPAYA

BANANA

MANZANA

CEBOLLA

FRUTILLA

TOMATE

PAPA

COLIFLOR

ACTIVIDADES

1 **Nombra las frutas.**
(Nomeie as frutas.)

VOCABULARIO

banana: banana.
frutilla: morango.
limón: limão.
manzana: maçã.
naranja: laranja.
palta: abacate.
papaya: mamão.
ananá: abacaxi.

2 Ilustra los ingredientes para una ensalada.
(Ilustre os ingredientes para uma salada)

BRÓCOLI	PAPA
ESPINACA	LECHUGA
ZANAHORIA	CEBOLLA
TOMATE	COLIFLOR

3 Dibuja lo que se pide.
(Desenhe o que se pede.)

DOS VERDURAS VERDES

TRES FRUTAS AMARILLAS

CUATRO FRUTAS ROJAS

VOCABULARIO

brócoli: brócolis.
cebolla: cebola.
coliflor: couve-flor.
espinaca: espinafre.
lechuga: alface.
papa: batata.
tomate: tomate.
zanahoria: cenoura.

4 Llena la heladera con las frutas, las verduras y las legumbres.
(Encha a geladeira com as frutas, as verduras e os legumes.)

FRUTAS

VERDURAS Y LEGUMBRES

LECCIÓN 6

Me gusta mi cuerpo y mi ropa
(Eu gosto do meu corpo e das minhas roupas)

Escucha y lee.
(Escute e leia.)

CABEZA

TRONCO

PIERNA

LÍNGUA ESPANHOLA

ACTIVIDADES

1 Une las palabras con las imágenes.
(Una as palavras com as imagens.)

CABEZA

TRONCO

PIE

MANO

BRAZO

PIERNA

2 Encuentra 3 partes del cuerpo humano.
(Encontre 3 partes do corpo humano)

B	U	Y	F	B	H
T	P	I	E	R	N
E	D	Y	P	A	U
C	A	B	E	Z	A
I	K	E	B	O	Ñ
P	I	E	R	N	A

VOCABULARIO

brazo: braço.
cabeza: cabeça.
mano: mão.
pie: pé.
pierna: perna.
tronco: tronco.

3 ¡Recorta la ropa de la página 91 y vamos a vestir al chico!
(Recorte as roupas da página 91 e vamos vestir o menino!)

4 ¡Recorta la ropa de la página 93 y vamos a vestir a la chica también!
(Recorte as roupas da página 93 e vamos vestir a menina também!)

La ropa
(A roupa)

5 Une la ropa con los nombres.
(Ligue as roupas com os nomes.)

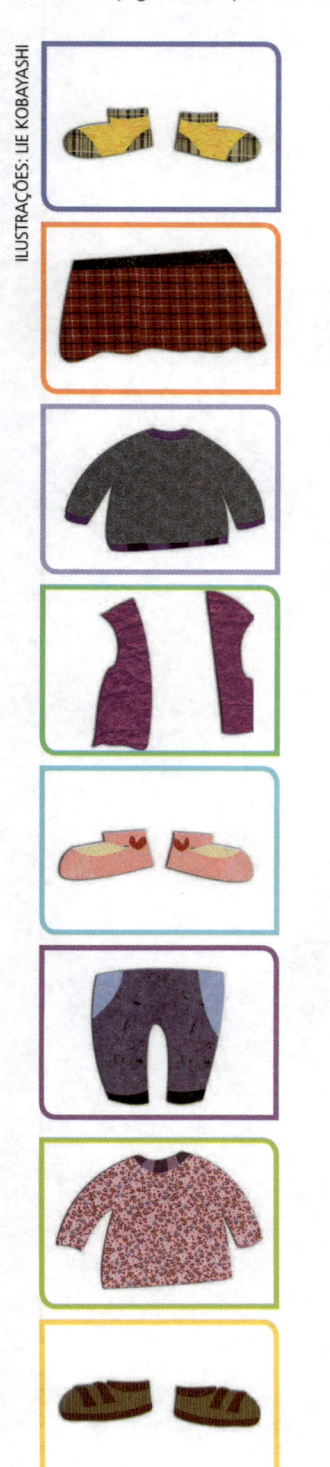

BUZO

CHALECO

ZAPATILLAS

FALDA

BLUSA

MEDIAS

ZAPATOS

PANTALÓN

6 Busca, recorta y pega la imagen de una chica con zapatillas _____ y de un chico con pantalón _____.

(Procure, recorte e cole a imagem de uma menina com tênis… e de um menino com calça…)

VOCABULARIO

blusa: blusa.
buzo: moletom.
chaleco: colete.
falda: saia.
medias: meias.
pantalón: calça.
zapatilla: tênis.
zapato: sapato.

7 Circula la palabra que corresponde a la imagen.
(Circule a palavra que corresponde à imagem.)

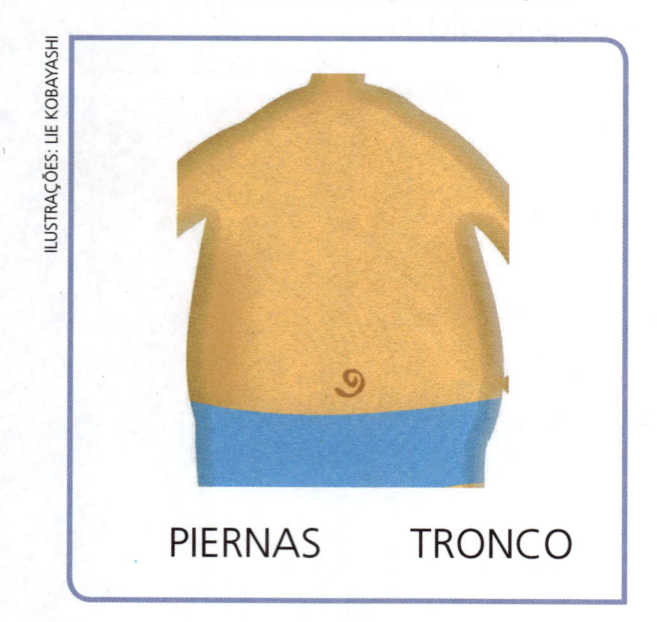

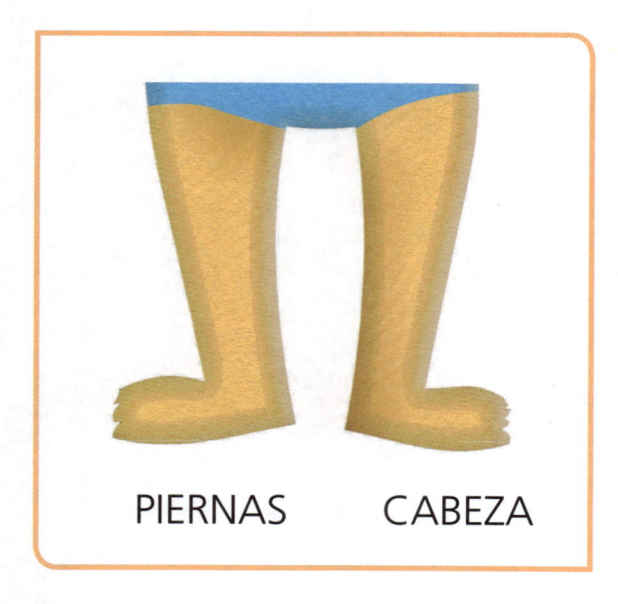

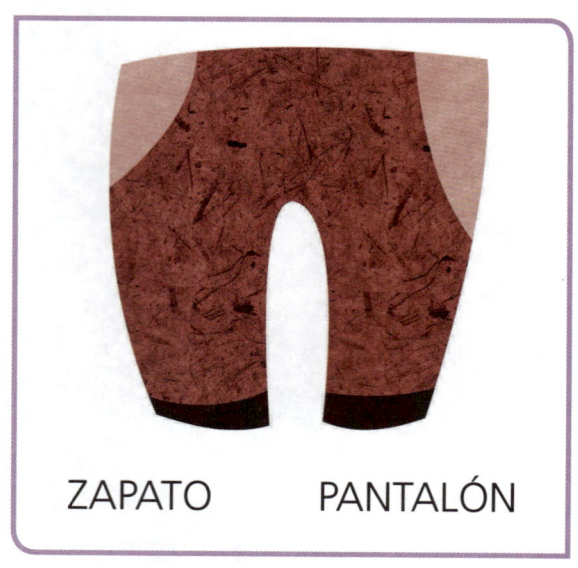

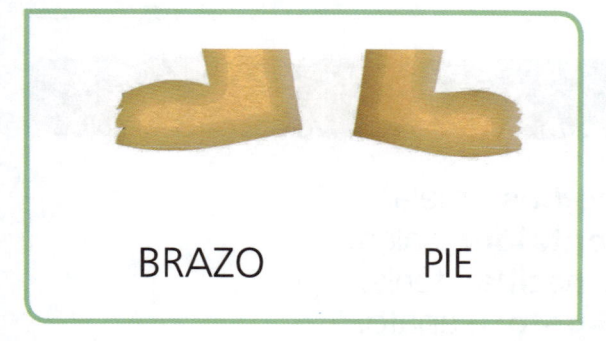

ILUSTRAÇÕES: LIE KOBAYASHI

PIERNAS TRONCO	BLUSA MEDIAS
PIERNAS CABEZA	ZAPATO PANTALÓN
BRAZO PIE	ZAPATOS BUZO

LÍNGUA ESPANHOLA

8 Escucha y marca (✓) las ropas encontradas en el lavarropas.
(Escute e marque as roupas encontradas na máquina de lavar.)

2 BLUSAS ☐   2 ZAPATOS ☐

4 BUZOS ☐   1 CHALECO ☐

3 PANTALONES ☐   5 FALDAS ☐

2 ZAPATILLAS ☐   8 MEDIAS ☐

LECCIÓN 7

Me gusta mi casa
(Eu gosto da minha casa)

Escucha y lee.
(Escute e leia.)

GARAJE

JARDÍN

BAÑO

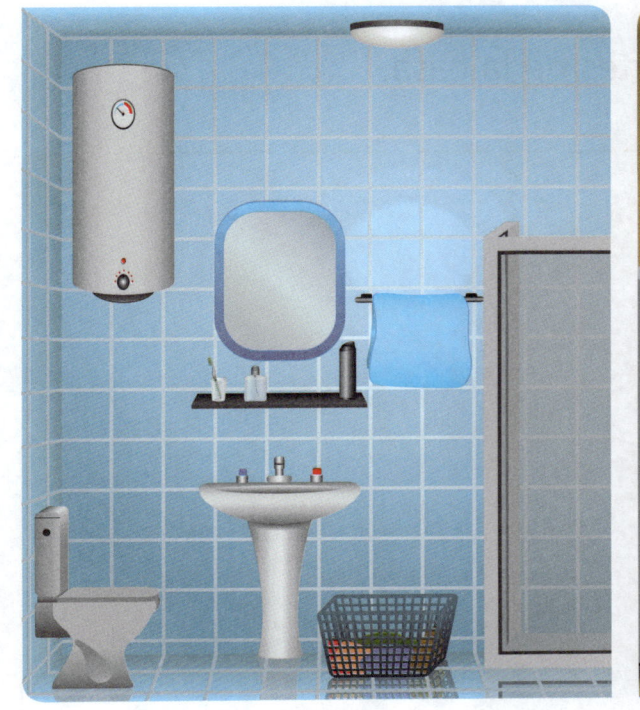

COCINA

SALÓN

DORMITORIO

ILUSTRAÇÕES: OPKA/SHUTTERSTOCK

55

ACTIVIDADES

1 Busca, recorta y pega las partes de la casa.
(Procure, recorte e cole as partes da casa.)

UNA COCINA

UN BAÑO

2 Dibuja tu dormitorio.
(Desenhe seu quarto.)

VOCABULARIO

baño: banheiro.
cocina: cozinha.
dormitorio: quarto.

garaje: garagem.
jardín: jardim.
salón: sala de estar.

Los juguetes
(Os brinquedos)

PELOTA

AUTITO

ROMPECABEZAS

ROMPECABEZAS

PLASTILINA

BICI

MUÑECA

MUÑECOS ARTICULADOS

JUEGOS DE ARMAR

3 **Dibuja los juguetes que te gustan más.**
(Desenhe os brinquedos que você mais gosta.)

VOCABULARIO

autito: carrinho.
bici: bicicleta.
juegos de armar: jogos de montar.
muñeca: boneca.

muñecos articulados: bonecos articulados.
pelota: bola.
plastilina: massa de modelar.
rompecabezas: quebra-cabeças.

4 Escucha y marca (✓) todo lo que la chica va a guardar en la caja.
(Escute e marque tudo o que a menina vai guardar na caixa.)

LECCIÓN 8

Me gusta la escuela
(Eu gosto da escola)

Escucha y lee. 🎧 14
(Escute e leia.)

BORRADOR

LIE KOBAYASHI

62 LÍNGUA ESPANHOLA

PIZARRA

ACTIVIDADES

1 Contesta a las preguntas.
(Responda às perguntas.)

¿Cuántos alumnos ves? _____.

¿De qué color son los uniformes? _____.

¿Qué forma tiene la pizarra? _____.

2 ¿Vamos a jugar a la memoria? Ve a la página 95.
(Vamos brincar de Jogo da Memória? Vá para a página 95.)

LÍNGUA ESPANHOLA

3 Encuentra el par y pega los nombres.
(Encontre os pares e cole os nomes.)

VOCABULARIO

borrador apagador.
cuaderno: caderno.
goma: borracha.
lápiz: lápis.
libro: livro.

mochila: mochila.
pizarra: lousa.
pupitre: carteira.
sacapuntas: apontador, escolar.
tiza: giz.

ILUSTRAÇÕES: LIE KOBAYASHI

65

4. Escribe lo que falta.
(Escreva o que está faltando.)

Modelo:

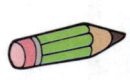

5 Escucha y pega en la pizarra el contenido de la mochila del alumno.
(Escute e cole na lousa o conteúdo da mochila do aluno.)

6 Une los útiles escolares con sus nombres.
(Ligue os materiais escolares a seus nomes.)

PIZARRA

GOMA

SACAPUNTAS

LIBRO

LÁPIZ

CUADERNO

PUPITRE

MOCHILA

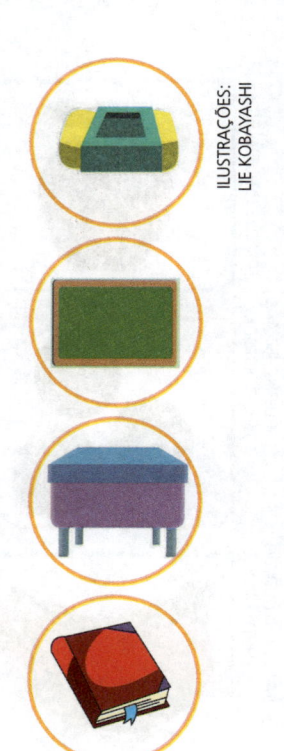

ILUSTRAÇÕES: LIE KOBAYASHI

67

REVISIÓN

Aprendiste a:
(Você aprendeu a:)

Nombrar frutas, verduras y legumbres.
(Nomear frutas, verduras e legumes.)

Decir las partes del cuerpo y las ropas.
(Dizer as partes do corpo e as roupas.)

Decir los nombres de las partes de la casa y de los juguetes.
(Dizer o nome das partes da casa e dos brinquedos.)

Nombrar algunos útiles escolares.
(Nomear alguns materiais escolares.)

ACTIVIDADES

1 Circula las palabras y los colores correctos.
(Circule as palavras com as cores corretas.)

	palta rosada	manzana roja
	limones verdes	frutillas marrones
	ananás violetas	bananas amarillas

2 Nombra las partes del cuerpo humano.
(Nomeie as partes do corpo humano.)

3 ¡Vamos a jugar! Encuentra las cinco diferencias.
(Vamos jogar. Encontre as cinco diferenças.)

4 Investiga.
(Pesquise.)

a) ¿De qué color es la tiza de tu profesora?

b) ¿Cuántos libros hay en tu mochila?

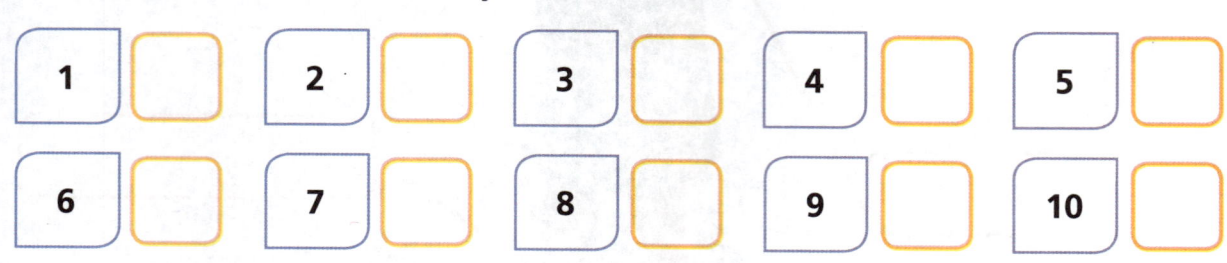

| 1 | 2 | 3 | 4 | 5 |
| 6 | 7 | 8 | 9 | 10 |

AMIGUINHOS, NAS PRÓXIMAS PÁGINAS VOCÊS ENCONTRARÃO O GLOSSÁRIO, AS ATIVIDADES COMPLEMENTARES E OS ADESIVOS QUE SERÃO UTILIZADOS EM VÁRIAS ATIVIDADES DESTE LIVRO.

LIE KOBAYASHI

LÍNGUA ESPANHOLA

GLOSARIO

A

ananá – abacaxi
abuelo(a) – avô(ó)
alumno(a) – aluno(a)
amarillo – amarelo
amigo(a) – amigo(a)
autito – carrinho
azul – azul

B

banana – banana
baño – banheiro
bici – bicicleta
blanco – branco
blusa – blusa
brazo – braço
brócoli – brócolis
buenas noches – boa noite
buenas tardes – boa tarde
buenos días – bom dia
buzo – moletom

C

cabeza – cabeça
cebolla – cebola
chaleco – colete
cocina – cozinha
coliflor – couve-flor
compañeros – colegas
cuaderno – caderno
cuadrado – quadrado
círculo – círculo

D

dormitorio – quarto

E

espinaca – espinafre

F

falda – saia
frutilla – morango

G

garaje – garagem
gato(a) – gato(a)
goma – borracha
gris – cinza

H

hermanos(as) – irmãos(ãs)
hijo(a) – filho(a)

J

jardín – jardim
juegos de armar – jogos de montar

L

lechuga – alface
león – leão

libro – livro
limón – limão
living – sala
lápiz – lápis

M

madre – mãe
mano – mão
manzana – maçã
marrón – marrom
medias – meias
mochila – mochila
mono – macaco
muñeco(a) – boneco(a)
muñecos articulados – bonecos articulados

N

naranja – laranja
negro – preto

O

oso – urso

P

padre – pai
palta – abacate
pantalón – calça
papa – batata
papaya – mamão
pelota – bola
perro – cachorro
pez – peixe

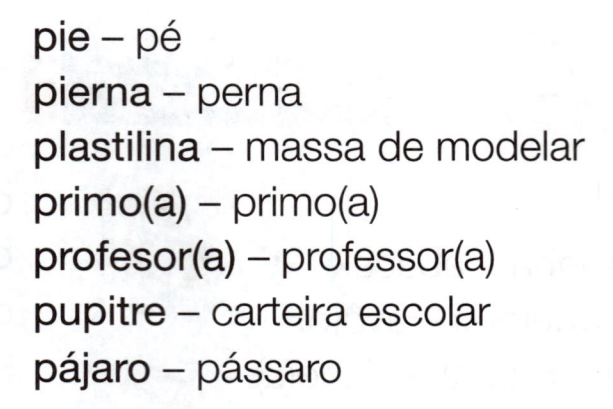

pie – pé
pierna – perna
plastilina – massa de modelar
primo(a) – primo(a)
profesor(a) – professor(a)
pupitre – carteira escolar
pájaro – pássaro

R

rectángulo – retângulo
rojo – vermelho
rompecabezas – quebra-cabeças
rosado – cor-de-rosa

S

sacapuntas – apontador
serpiente – cobra

T

tiza – giz
tomate – tomate
triángulo – triângulo
tronco – tronco
tío(a) – tio(a)

V

vecino(a) – vizinho(a)
verde – verde
violeta – roxo

Z

zanahoria – cenoura
zapatilla – tênis
zapato – sapato

LÍNGUA ESPANHOLA

ACTIVIDADES COMPLEMENTARIAS

SALUDOS

ILUSTRAÇÕES: LIE KOBAYASHI

ACTIVIDADES COMPLEMENTARIAS

Cortar

Parte integrante da Coleção Eu gosto m@is - Língua Espanhola 1º ano - IBEP.

CAPERUCITA ROJA

ACTIVIDADES COMPLEMENTARIAS

Cortar

Parte integrante da Coleção Eu gosto m@is - Língua Espanhola 1º ano - IBEP.

NO SON MI FAMILIA PERO SON IMPORTANTES PARA MÍ.

MI HERMANA

MIS VECINOS

MI AMIGO

MI PRIMO

MIS TÍOS

MIS ABUELOS

MIS COMPAÑEROS DE LA ESCUELA

MIS PADRES

MI PROFESORA

MIS PRIMOS

✂ Cortar

ACTIVIDADES COMPLEMENTARIAS

ILUSTRAÇÕES: LIE KOBAYASHI

Parte integrante da Coleção Eu gosto m@is - Língua Espanhola 1º ano - IBEP.

DOMINÓ

Cortar

CUBO Y NÚMEROS

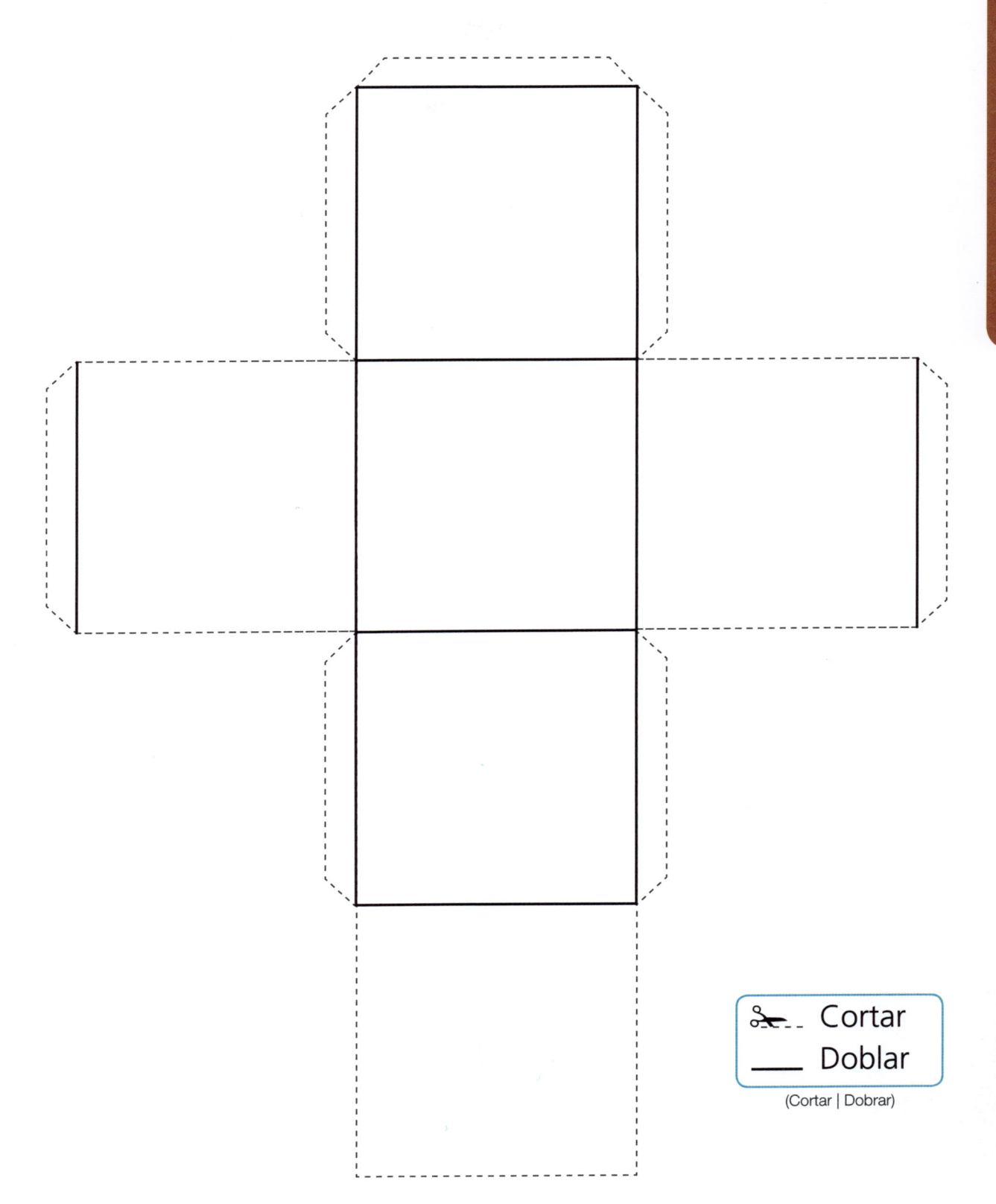

Cortar
Doblar
(Cortar | Dobrar)

ROMPECABEZAS

✂ Cortar

ACTIVIDADES COMPLEMENTARIAS

DOS PÁJAROS AZULES

CUATRO LEONES MARRONES

TRES OSOS GRISES

LIE KOBAYASHI

Parte integrante da Coleção Eu gosto m@is - Língua Espanhola 1º ano - IBEP.

JUEGO

✂ Cortar

ACTIVIDADES COMPLEMENTARIAS

🐷	CERDO	(porco)
🐶	PERRO	(cachorro)
🦆	PATO	(pato)
🐑	OVEJA	(ovelha)
🐓	GALLO	(galo)

JUEGO – DADO

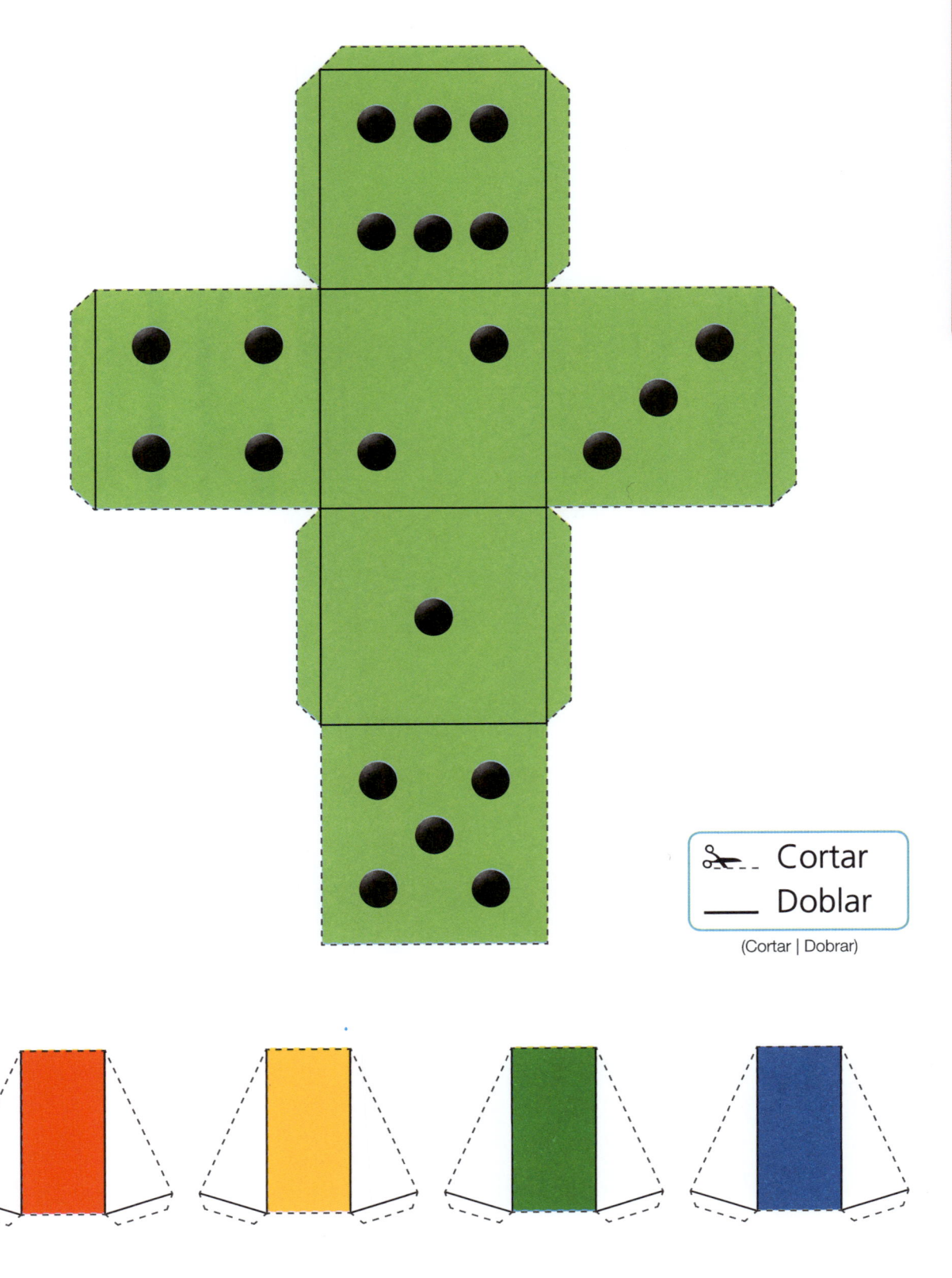

Cortar
Doblar

(Cortar | Dobrar)

Parte integrante da Coleção Eu gosto m@is - Língua Espanhola 1º ano - IBEP.

¡RECORTA PARA VESTIR AL CHICO!

(Recorte para vestir o menino!)

✂ Cortar

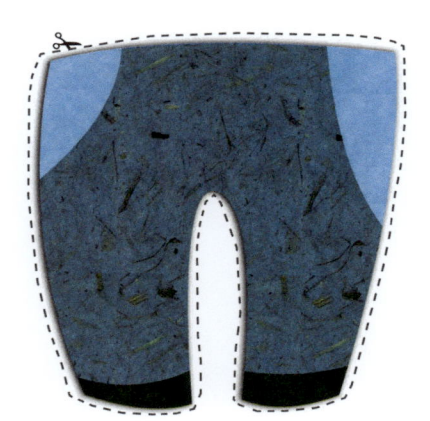

ILUSTRAÇÕES: LIE KOBAYASHI

ACTIVIDADES COMPLEMENTARIAS

Parte integrante da Coleção Eu gosto m@is - Língua Espanhola 1º ano - IBEP.

¡RECORTA PARA VESTIR A LA CHICA!

(Recorte para vestir a menina!)

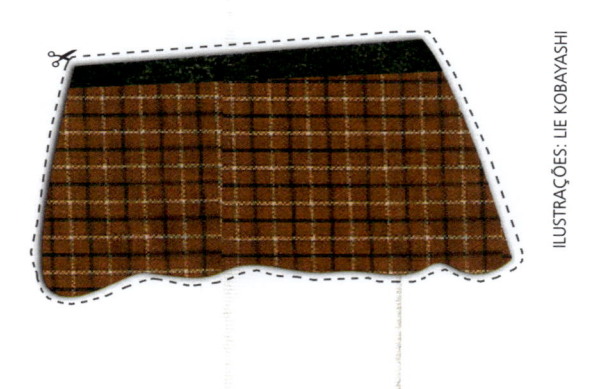

✂ Cortar

ACTIVIDADES COMPLEMENTARIAS

ILUSTRAÇÕES: LIE KOBAYASHI

Parte integrante da Coleção Eu gosto m@is - Língua Espanhola 1º ano - IBEP.

JUEGO DE LA MEMORIA

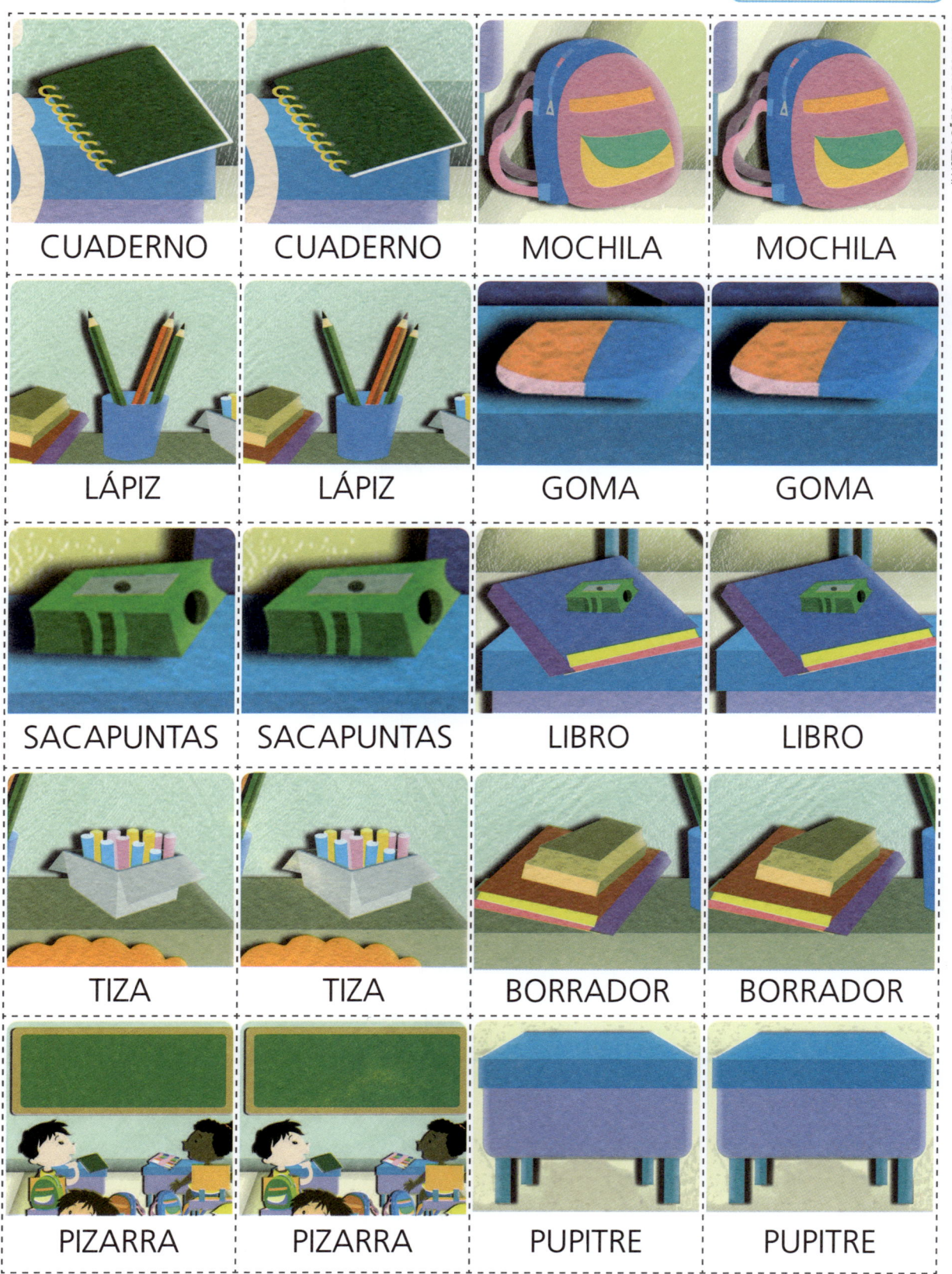

✂ Cortar

ACTIVIDADES COMPLEMENTARIAS

ILUSTRAÇÕES: LIE KOBAYASHI

CUADERNO	CUADERNO	MOCHILA	MOCHILA
LÁPIZ	LÁPIZ	GOMA	GOMA
SACAPUNTAS	SACAPUNTAS	LIBRO	LIBRO
TIZA	TIZA	BORRADOR	BORRADOR
PIZARRA	PIZARRA	PUPITRE	PUPITRE

95

Parte integrante da Coleção Eu gosto m@is - Língua Espanhola 1º ano - IBEP.

PÁGINA 7

| MARÍA |

| PEDRO |

> AMIGUINHOS, NESTA E NAS PRÓXIMAS PÁGINAS VOCÊS ENCONTRARÃO OS ADESIVOS QUE SERÃO UTILIZADOS EM VÁRIAS ATIVIDADES DESTE LIVRO.

ADHESIVOS

PÁGINA 9

| ¡BUENOS DÍAS! | ¡BUENAS TARDES! | ¡BUENAS NOCHES! |

PÁGINA 14

YO	MI PADRE	MI MADRE
MI HERMANO	MI HERMANO	MI HERMANO
MI HERMANA	MI HERMANA	MI HERMANA
MI ABUELO	MI ABUELA	MI TÍO
MI TÍA	MI PRIMO	MI PRIMA

PÁGINA 22

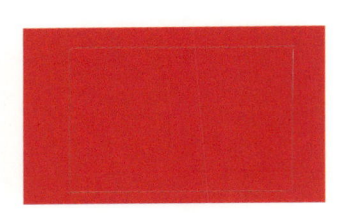

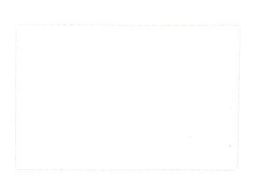

Parte integrante da Coleção Eu gosto m@is - Língua Espanhola 1º ano - IBEP.

PÁGINA 22

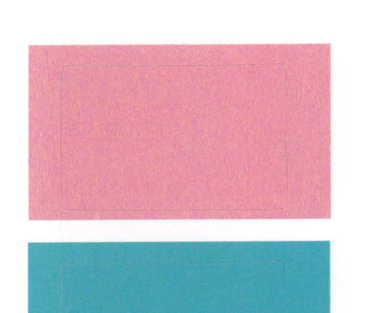

PÁGINAS 30 E 31

PÁJARO	PERRO	MONO
OSO	LEÓN	SERPIENTE
GATO	PEZ	

PÁGINAS 40 E 41

FRUTILLAS	BANANAS	MANZANAS
PAPAYAS	PALTAS	ANANÁS
LIMONES	NARANJAS	

Parte integrante da Coleção Eu gosto m@is - Língua Espanhola 1º ano - IBEP.

PÁGINAS 44 E 45

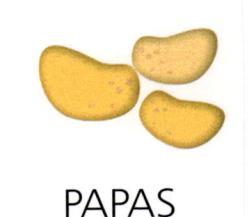

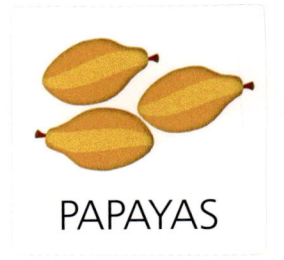

ESPINACA	NARANJAS	PALTAS	LECHUGA
BANANAS	PAPAS	LIMONES	COLIFLOR
CEBOLLAS	MANZANAS	FRUTILLAS	ZANAHORIAS
BRÓCOLI	PAPAYAS	TOMATES	ANANÁS

Parte integrante da Coleção Eu gosto m@is - Língua Espanhola 1º ano - IBEP.

PÁGINA 46

PÁGINA 60

PELOTA	BICI	PLASTILINA
AUTITO	MUÑECA	VIDEOJUEGO
JUEGOS DE ARMAR		MUÑECOS ARTICULADOS

PÁGINAS 62 E 63

TIZA	MOCHILA	PUPITRE
LÁPIZ	CUADERNO	LIBRO
SACAPUNTAS	GOMA	

103

Parte integrante da Coleção Eu gosto m@is - Língua Espanhola 1º ano - IBEP.

PÁGINA 65

| TIZA | PROFESORA | GOMA |

| LÁPIZ | ALUMNO | PIZARRA |

ADHESIVOS

PÁGINA 67

libro	pizarra	mochila	tiza
sacapuntas	cuaderno	libro	goma
pupitre	lápiz	libro	cuaderno
sacapuntas	goma	libro	borrador

Parte integrante da Coleção Eu gosto m@is - Língua Espanhola 1º ano - IBEP.